ORFF-SCHULWERK

Gunild Keetman
Rhythmische Übung

ED 6359
ISMN 979-0-001-06776-8

www.schott-music.com

Mainz · London · Berlin · Madrid · New York · Paris · Prague · Tokyo · Toronto

RHYTHMISCHE ÜBUNG MIT KLANGGESTEN

Als Ergänzung zu den rhythmischen Beispielen des ersten Schulwerkbandes, die vorwiegend im Klatschen auszuführen sind, werden im folgenden, beginnend mit Patschübungen, mehrere Klanggesten (Patschen, Klatschen, Stampfen, Fingerschnalzen) miteinander verbunden.

Die in wenigen Beispielen aufgezeichneten ostinaten Begleitrhythmen — sie können zum Sprechen, Singen oder zum Spiel auf Instrumenten hinzutreten — sollten durch selbstgefundene, auch in anderen Taktarten, ergänzt werden.

Möglichkeiten der Verbindung von Klanggesten mit rhythmischem Sprechen zeigen andere Beispiele. Auch sie sind zu variieren bzw. durch neue, eigene zu ersetzen.

Bei allen Übungen ist auf fließenden Ablauf Wert zu legen.

Auf Tempo-, Dynamik- und Phrasierungsbezeichnungen wurde verzichtet, da für die Ausführung vielerlei Möglichkeiten bestehen.

Die durchwegs kurzen Abläufe sollten auswendig wiedergegeben werden, da auf diese Weise am besten eine freie Darstellung möglich ist. Eine Zusammenfassung mehrerer Stücke zu einer größeren Form belebt die rhythmische Arbeit ebenso wie ein rondoartiger Ausbau einzelner Stücke durch improvisierte Zwischenteile.

Sinn und Zweck der Übungen ist neben der Entwicklung des Formgefühls, des rhythmisch-musikalischen Gedächtnisses und des Sinnes für Dynamik und Phrasierung auch das Erlangen von Sicherheit im rhythmischen Zusammenspiel, die für alles instrumentale Musizieren unerläßlich ist. Darüber hinaus geben diese Übungen dem Lehrer, der keine oder nur wenige Instrumente zur Verfügung hat, die Möglichkeit, alle Kinder in gleicher Weise zu beteiligen.

Patschen bezeichnet das federnde Aufschlagen der Handflächen auf die Oberschenkel in Knienähe.

Klatschen erfolgt durch federnden Schlag der Finger einer Hand in den Handteller der anderen; man vermeide dabei, die Ellbogen an den Körper zu pressen.

Stampfen erfolgt durch festes Aufsetzen eines Fußes auf ganzer Sohle neben dem andern, aus einem lockeren Schwung des Unterschenkels von rückwärts nach vorn.

Fingerschnalzen darf als bekannt vorausgesetzt werden.
Gunild Keetman

Patschen

Gunild Keetman

Bei Notierung auf einer Linie bedeuten: nur aufwärts gestrichene Hälse Patschen mit beiden Händen;
auf – und abwärts gestrichene Hälse wechselndes Patschen mit rechter Hand (aufwärts gestrichener Hals) und linker Hand (abwärts gestrichener Hals.)
Bei Notierung auf zwei Linien bedeutet obere Linie rechtes Knie, untere Linie linkes Knie.
Alle Patschübungen können auch auf zwei Pauken oder Bongos ausgeführt werden. Zur gleichmäßigen Ausbildung beider Hände sind die Stimmen auszutauschen.

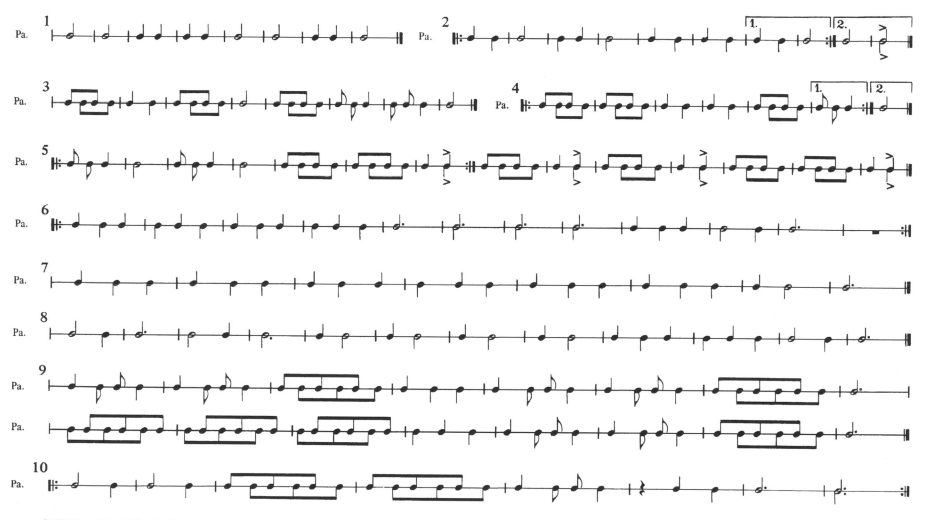

6

fine

d. c. al fine

8

Patschen und Klatschen

„E - ne be - ne Boh - nen - blatt, wie - viel Küh' sind noch nicht satt? " Sie - ben Geiß und ei - ne Kuh, Sankt

Pe - ter schließt die Stall - tür zu, und schmeißt den Schlüs - sel ü - bern Rhein. Mor - gen wird gut Wet - ter sein.

12

Stampfen und Klatschen

Notierung des Stampfens: Sta.

Aufwärts gestrichener Hals = Stampfen mit rechtem Fuß
Abwärts gestrichener Hals = Stampfen mit linkem Fuß

Stampfen, Patschen, Klatschen

16

17

Hin - ter der Do - nau- brück steht a schöns Häus - le, sitzt a schöns Mäd- le drin, singt wie a Zeis - le.

Drei Ro - sen im Gar-ten, drei Il - gen im Wald, im Som-mer ist's lu - stig, im Win - ter ist's kalt kalt.

18

Der Mül - ler tut mah - len, das Räd- le geht um, mein Schatz ist ver - zür - net, weiß selbst nit war - um. Der

Mül - ler tut mah - len, das Räd - le geht um, mein Schatz ist ver - zür - net, weiß selbst nit war - um.

Stampfen, Patschen, Klatschen, Schnalzen

Notierung des Schnalzens: Schna.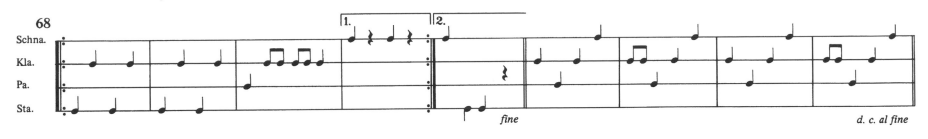

Nur aufwärts gestrichene Hälse bedeuten Schnalzen mit beiden Händen.

Auf = und abwärts gestrichene Hälse: wechselndes Schnalzen mit rechter Hand (aufwärts gestrichener Hals) und linker Hand (abwärts gestrichener Hals)

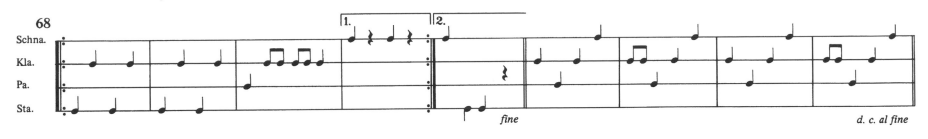

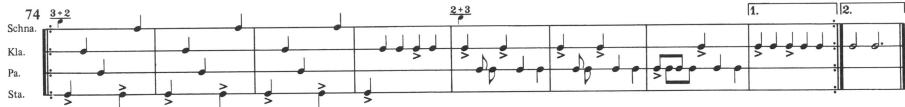

75 Vier kleine Kanons

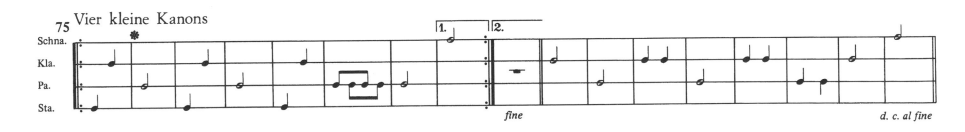

fine

d. c. al fine

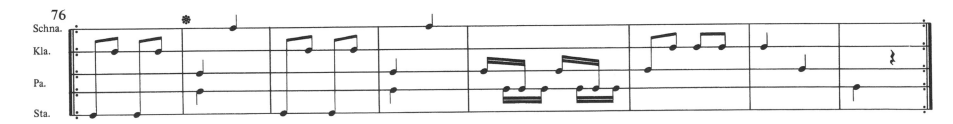

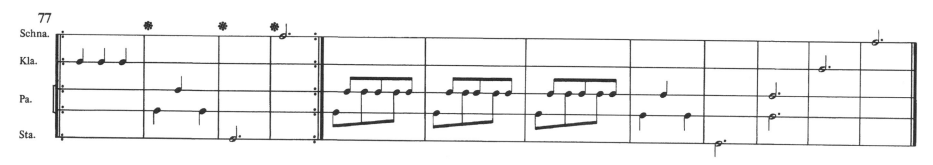

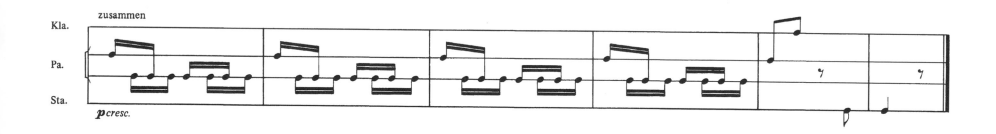

Schott Music, Mainz 42 915